HEN GAROLAU PLYGAIN

casglwyd gan

Y Parchedig Ganon
Geraint Vaughan-Jones
Rheithor Mallwyd, Cemais a
Llanymawddwy,
Deon Gwlad Cyfeiliog
a Mawddwy

RHAGAIR

Wedi cael eu hesgeuluso am gyfnod hir gan y mwyafrif o Gymry, llawenydd yw gweld y diddordeb yn y Blygain a'r hen garolau Cymraeg sydd yn gweddu iddi ar gynnydd. Sylwais ar ymdrechion mewn sawl rhan o'r wlad i ailgodi'r Blygain, a bron bob blwyddyn daw ymwelwyr o bell i Blygeiniau Maldwyn a Mawddwy i glywed yr hen garolau, a phob tro gofynnir a oes modd cael copi o rai, o leiaf, ohonynt. Llenwi'r bwlch yna yw amcan y llyfr hwn.

Trefnwyd y rhan fwyaf o'r carolau ar gyfer tri llais, un neu ddwy yn ddeuawd, a hefyd ambell bedwarawd ac unawd; gellir eu newid yn ôl y gofyn. Ond ar gyfer canu plygain y bwriadwyd hwy, ac felly canu digyfeiliant ydyw. Gydag un eithriad, mae'r carolau yn y llyfr hwn i gyd yn deillio o'r ddeunawfed neu'r bedwaredd ganrif ar bymtheg, ac un neu ddwy, ond odid, yn hŷn na hynny. Gobeithiaf felly y bydd o gymorth i roi hwb i'r Blygain yn yr ardaloedd hynny lle mae Cymry heddiw yn ailedrych ar y graig y naddwyd hwy ohoni.

Hoffwn ddatgan fy niolch diffuant i Mrs Bethan Scotford, Cedigfa, Y Trallwng, a Mr Alun Hughes, Cilwern, Llanymawddwy, am eu cymorth parod a charedig. Hebddynt hwy, ni buasai'r llyfr hwn wedi gweld golau dydd—rwyf yn arbennig o ddiolchgar iddynt am fy rhyddhau o ddrysni dirgeleddau'r sol-ffa! Dymunwn ddiolch hefyd i Barrie Wyn Jones ac Aled Rees am fentro canu rhai o'r carolau hyn efo mi!

Hoffwn feddwl y bydd y gyfrol hon yn gymorth i'm cyd-Gymry adfeddiannu rhan o'u treftadaeth Gristnogol ac os clywir eu canu unwaith eto adeg y Gwyliau yn ein llannau a'n capeli, bydd wedi llwyddo yn ei bwriad.

Geraint Vaughan-Jones

CYNNWYS

tudalen

6	1.	Yr Aderyn
8	2.	Difyrrwch Gwŷr y Gogledd (Llon)
10	3.	Y Ceiliog Gwyn *neu* Clarendon
12	4.	Ewyllys Da i Ddyn
14	5.	Daeth Blwyddyn Eto i Ben
16	6.	Clywch Lais Nefolaidd Lu
18	7.	Cloch Erfyl
20	8.	Sybylltir
22	9.	Ceiliog Gwyn
24	10.	Trot y Gaseg
26	11.	Carol Wil Cae Coch
28	12.	Carol y Swper
30	13.	Y Glaswelltyn
32	14.	Drwy Rinwedd Dadleuaeth
34	15.	Difyrrwch Gwŷr y Gogledd (Lleddf)
36	16.	Betty Brown
38	17.	Carol Eliseus
40	18.	Teg Wawriodd Boreddydd
42	19.	Ar Gyfer Heddiw'r Bore
44	20.	Dyddiau Hyfryd
46	21.	Belle Isle March
48	22.	Ar Dymor Gaeaf
50	23.	O Deued Pob Cristion
52	24.	Ymdaith Rochester

1. Yr Aderyn

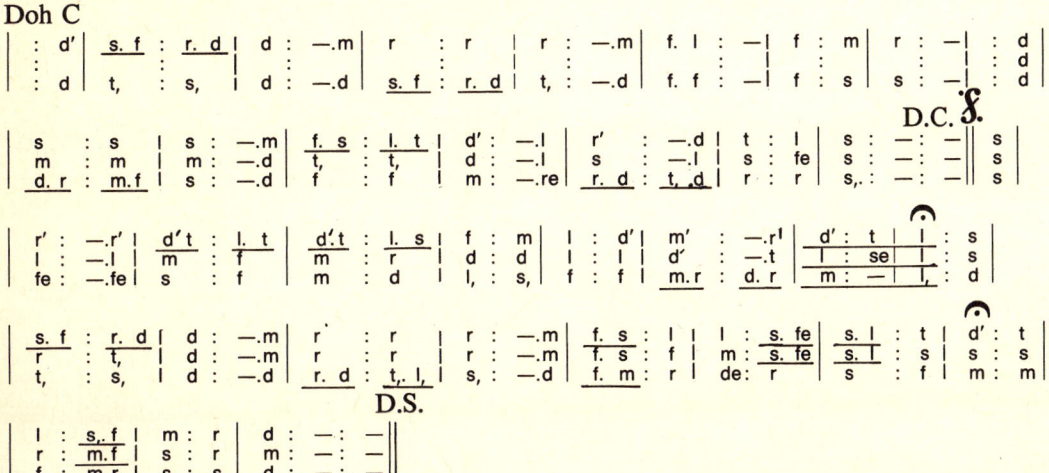

Deffrowch yn llon breswylwyr llwch
A chodwch, O chwychwi,
Datseiniwch oll 'Hosanna' a chân,
Mae'n lân wir Jiwbili;
Dihunwch chwi, rai tlawd a chaeth,
Hi ddaeth, hi ddaeth y dydd,
Mae'r Haul yn glir a'r hwyl i'n gwlad
A'r ffordd yn rhad a rhydd.
O Wele'r dydd, newyddion da,
Pob tlawd a chla' clywch lef,
Chwi sydd â d'led i'ch suddo hyd lawr,
O wynfyd wawr, y Meichiau mawr
A ddaeth yn awr o'r Nef.
Tangnefedd sydd, mae'n rhyfedd sôn,
Lles dynion, 'Wyllys da
I ddynion drwg o'i ddawn ddi-drai;
Druenus rai, dan bwyse'u bai,
Yn rhyfedd a'i mawrha.

A hwn yw'r Gair a wisgodd gnawd,
Fe wnawd yn Frawd i ni,
Ac yn ei Gnawd ag enwog nerth
Condemniai'r anferth ri.
Yn gymaint oll mai yng nghnawd dyn
Daeth colyn gwenwyn gynt,
Yng nghnawd y dyn y cydiodd dawn—
Bu'n rhyfedd iawn yr hynt:
Er dyfned oedd trueni dyn,
Mab Duw ei Hun wnâi hedd;
Aeth dan bob rhan, digofaint pryd,
Olrheiniai ar hyd ei Eglwys ddrud
Trwy'r byd, tu draw i'r bedd:
O'r cariad oedd yng nghalon Duw!
Rhyfeddod yw mewn dawn!
Gwaith Cariad rhad, Concweriad rhwydd
Yn chwalu chwydd hen sarffaidd swydd
Pob llid euogrwydd llawn.

Twm o'r Nant (1739-1810)

Trefniant: Hawlfraint Y Lolfa 1987

2. Difyrrwch Gwŷr y Gogledd (Llon)

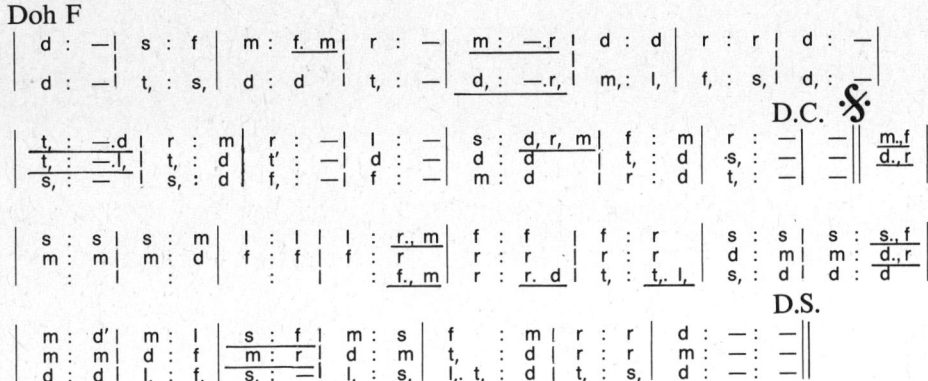

Dechreuwch, fawr a mân,
Eich rhydd dragywydd gân
I'r Un yn Dri, Duw hynod diwahân;
Yr hwn sy ben bob pryd
Ar fodau'r bythol fyd,
Gadawodd ef ogoniant nef i gyd.
E ddaeth ein Brenin mawr a'n Brawd
O lys y nef i le tylawd:
Preswylydd y goleuni
Cawn wedi gwisgo cnawd.
Cyd-ddylem roi ein hufudd gred
Yng Nghrist, gan daenu clod ar led;
Y Maban gaed ym Methlem
Yr anthem iddo red.

O ddedwydd, ddedwydd awr
Y caed y Meddyg mawr;
O uchder nef golygodd ef i lawr.
Er gwisgo agwedd gwas,
Mae'n Frenin llawn o ras;
Gorchfygodd rym y gelyn llym ei gas.
Nid Duw ond dyn dan lid y Tad
Fu farw ar bren, mor fawr y brad!
Duw-ddyn, er ein diddanwch,
A wnaeth yr heddwch rhad,
Ac nid creadur gwan ei ryw
A ddaeth mewn hedd o fedd yn fyw;
Y Drindod yn yr Undod,
Sef Duw mewn dyndod yw.

Dyrchafwn ninnau'n awr
Ei fythol enw'n fawr,
Ei allu ef sy'n llywio nef a llawr.
Hwn ydyw'r un a gaed
Yn ymdaith ar ei draed
Ar drafael drom o Edom yn ei waed.
Mae'n gwrando cwyn yr eiddil gwael,
Efe yw'r pen-rheolwr hael
A Cheidwad gwan bechadur—
Pa gysur gwell i'w gael?
Ond rhaid i lygredd golli ei le,
A gwyro'n is, medd gwir y Ne',
Cyn cael, drwy Air y Bywyd,
Afaelyd ynddo Fe.

Dafydd Ddu Eryri (1759-1822)

Trefniant: Hawlfraint Y Lolfa 1987

3. Y Ceiliog Gwyn *neu* Clarendon

Fe roddwyd priffordd rydd i wlad y llywydd llon
I rai dan Sinai sydd bob dydd yn brudd eu bron—
Rai gwael eu gwawr dan ofnau mawr
Euogrwydd cry hen galon ddu, i'w llethu i'r llawr.

I dir daeth n'wyddion da o fodd i'r gwaetha' fyw:
I'r blin a'r llawn o bla mae meddyg da, medd Duw;
Caed Meichiau gwych, yn wael ei ddrych,
Y cadarn Iôr wna'r tir a'r môr, yng nghôr yr ych.

O'i fraint dae'n wael ei fri i'r byd fel babi bach:
Yn noeth i'n gwisgo ni rhag nychu, a'n gwneud yn iach;
Mawr gariad Duw at ddynol ryw
Rhoi'i Fab mewn pryd i farw'n fud i'r byd gael byw.

O ryfedd gariad rhad a moddau'r Ceidwad mawr
Yn diodda briw a brad, llesâd i lwch y llawr.
Rhoi'i waed ei hun i olchi dyn
Oedd wael ei wedd, heb haeddu hedd, dan lygredd lun.

O iechydwriaeth rad wnae ddwad felly i ddyn;
Bu'n ddrud i'r Iesu mad ei hynod had ei hun,
I brynu braint, a mawr ei maint,
Er gwendid ffydd, drud fywyd cudd, draw sydd i'r saint.

Yn iach daw'r eglwys wen yn llawen o'r un lle,
Yn llwyr fe rwyga'r llen i'w dwyn i nen y ne,
Gwaredwr gwiw, fu'n goch ei liw,
Fe brynodd hon â gwaed ei fron a'i galon friw.

Gogoniant moliant mawr yn awr i'r Tri yn Un
A llwyddiant Nef a llawr am gadw'n ddirfawr ddyn.
A'r lle drwy'r llen, i'r Nefoedd wen,
Am farwol glwy, boed miloedd mwy yn moli. Amen.

J.Thomas
Pennfforddwen

Trefnaint: Hawlfraint Y Lolfa 1987

4. Ewyllys Da i Ddyn

Doh A

.s,: f, .m,	l, : — .d : t, .l,	s, : — .d : t, .d	l, : r : d	t, : — .s, : f, .m,
.m,: r, .d,	f, : — .l, : s, .f,	m, : — .m, : f, .s,	l, : — : f,	m, : r, : — .m, : r, .d,
.d, : d, .d,	d, : — .d, : d, .d,	d, : — .d, : r, .m,	f, : — : fe,	s, : — . : — .l,

l, : — .d : t, .l,	s, : — .m : r .d	t, : — : r	d : — . —
f, : — .l, : s, .f,	m, : — .s, : f, .m,	r, : : s, : f,	m, : — . —
f, .f, : f, : — .f,	d, .d, : d, : — .d,	s, .s, : s, : s,	d, : — . —

.s : m .f	m : — .d : r .d	t, : — .l, : t, .d	r : — : m	f : — .f : m .re
.m : s, .l,	s, : — .l, : se, .l,	se, : — .l, : se, .l,	t, : — : ta,	l, : — .t, : d .l,
.d : d, .d,	d, : — .l, : se, .l,	m, : — .d : t, .l,	s, : — : d	f, : — .t, : d .f,

m : — .r : d .t,	l, : — . — .f	m .r	d : — : t,	d : — . —
se, : — .se,: l, .s,	f, : — . — .l, : s, .f,	m, : — : f, : r,	m, : — . —
m, .m,: m, : — .m,	f, .f, : r, : — .r,	s, .s, : s, : s,	d, : — . —

Pa beth yw'r golau mawr a glân
Uwch llewyrch haul y nef?
Pa beth yw sŵn yr hyfryd gân
Gerllaw hen Fethlem dref?
Angylion nef a ddaeth i lawr
O lys yr uchel Dduw
I ddatgan geni Ceidwad mawr
I achub dynol ryw.

A dyna'r gân: "Na foed i'ch bron
Un ofn ar hyn o bryd,
Mynegi'r wyf newyddion llon
A berthyn i'r holl fyd:
Cans ganwyd Ceidwad teg ei wedd
Yn ninas Dafydd wiw
Yr hwn yw Crist—hardd frenin hedd
A mab y bythol Dduw.

A hwn yw'r arwydd wrth ba un
Y gwelwch faban Iôr,
Mae wedi'i rwymo'n wael ei lun
A'i ben ar wellt y côr.
Efe yw'r gwaelaf yn y dref:
Ni welwyd neb mor dlawd,
Er hyn i gyd mae'n Frenin nef,
Mae'n Dduw er bod mewn cnawd."

Ar hyn dyrchafodd lleisiau fil
Yn gydgor fwyn i'r gân
O gariad at y ddynol hil
A mawl i'r Maban glân;
"Gogoniant yn yr uchel nef
I'r Duwdod mawr ei Hun—
Tangnefedd ar y ddaear gref
A 'wyllys da i ddyn."

I Faban Mair a ddaeth yn dlawd
Er dwyn in' olud nef;
I'r unig Dduw a ddaeth mewn cnawd,
Dyrchafwn ninnau lef
O fawl: a rhoddwn goron cân
Yn barchus ar ei ben.
Mae'n haeddu y gogoniant glân
A'r moliant byth. Amen.

Ab Ithel (1811-62)

5. Daeth Blwyddyn Eto i Ben

Daeth blwyddyn eto i ben,
A ninnau'n llawen sy
Yn seinio mawl ar ddydd
Nadolig Iesu cu.
Mor hyfryd yw dyrchafu cân
O fawl di-lyth i'n Prynwr glân.
Mewn anthem gref, cyfodwn lef
O foliant i Dywysog nef.

O Iesu, derbyn Di
O'n genau heddiw fawl
Am ddod i'r ddaear hon
O fwyniant pur y gwawl,
I roddi gobaith ac iachâd,
A bywyd llawn i'r dynol had.
Mewn anthem gref, cyfodwn lef
O foliant i Dywysog nef.

Pan dderfydd gyrfa'r llawr,
Pan ddêl ein hoes i ben,
A chyrraedd draw yn iach
I'r wlad tu hwnt i'r llen,
Mor hyfryd fydd dyrchafu cân
O fawl di-lyth i'n Prynwr glân.
Mewn anthem gref, cyfodwn lef
O foliant i Dywysog Nef.

Trefniant: Hawlfraint Y Lolfa 1987

6. Clywch Lais Nefolaidd Lu

Clywch lais nefolaidd lu
Yn seinio'n bêr "Hosanna" sydd
Uwch meysydd Beth'lem dref.
O pwy yw testun cân
Aneirif lu y nefoedd lân?
Fe anwyd aer y nef.
O ryfeddod! Wele'r Duwdod
Wedi dod i natur dyn.
Ymddiosgodd Ef i ddisgyn
I'n gwellhau, ac ar ei lun,
Agorodd Ef y ffordd i'r nef
Â'i hynod waed Ei hun.

Rhyw seren ddisglair sydd
Mewn awyr fry'n arwyddo'r fan
I'r doethion gyda'r dydd.
Bugeiliaid oedd gerllaw,
Ac ofn a braw oedd dan eu bron
Pan llon y canai'r llu.
Bloeddiai'r angel o'r uchelder:
"Byddwch lawen, wele'r dydd,
Heddiw ganwyd Crist yr Arglwydd,
Hwn yn ben ar Seion sydd.
Tangnefedd sydd drwy'r byd yn awr
A Hwn yn fawr a fydd.

Pan yn wyth niwrnod oed
Enwaediad roed ar Grist yr Iawn,
Dan ddeddf oedd lawn o lid.
Cyfiawnder wenai fry:
"O dyma waed ei fath ni fu
Drwy holl aberthau byd."
Wele'r aberth, wele'r pridwerth,
Iawn di-feth, ac Oen di-fai,
Cymeradwy ar yr orsedd,
Wele hedd yn amlhau,
A Deddfu'r dyn a ddaeth ei hun,
Cu fod, i'n cyfiawnhau.

Er esgyn fry i'r nef,
Fe wrendy lef, a chwyd i'r lan
Bechadur gwan ei ffydd.
Mae sain Efengyl hedd
A'i golau'n awr yn galw i'r wledd
Ym mynydd Seion sydd.
Tyrd bechadur, wele'r llwybr,
Tyrd yn brysur at y Brawd
Anwyd inni erbyn c'ledi,
'R hwn oddefodd lid a gwawd;
Fe wrendy Ef bob chwerw lef,
Ein Brenin yw, a'n Brawd.

Trefniant: Hawlfraint Y Lolfa 1987

7. Cloch Erfyl

Daeth cennad o'r Nef i Fethlehem dref
I draethu'r newyddion hael
Fod Ceidwad a Brawd yn Faban tylawd
Yn gorwedd mewn beudy gwael,
Ac wele Ef, Tywysog Nef,
Eneiniog mawr y Tad,
Ym mreichiau Mair ar wely o wair
Yn isel ei ystad.

Ffynhonnell yr Iawn yn eiddil a gawn
Ar fronnau Mareia lon;
Rhyfeddod o hyd gweld Iachawdwr y byd
Yn faban ar liniau hon!
Cydgenwch gân, angylion glân,
I foli Aer y Nef:
I'n gwared o'n loes trwy farw ar groes
O'i lys disgynnodd Ef.

Gogoniant i'r Tad a roddws ei Fab
Yn bridwerth trosom ni.
Ein cadw fe all rhag poenau y Fall
Drwy rinwedd Calfari.
Hosanna sy yn llonni'r llu
Uwch meysydd Bethlehem;
Yn fychan a mawr, holl deulu y llawr,
Moliannwn Ef. Amen.

G.Vaughan-Jones
1983

8. Sybylltir

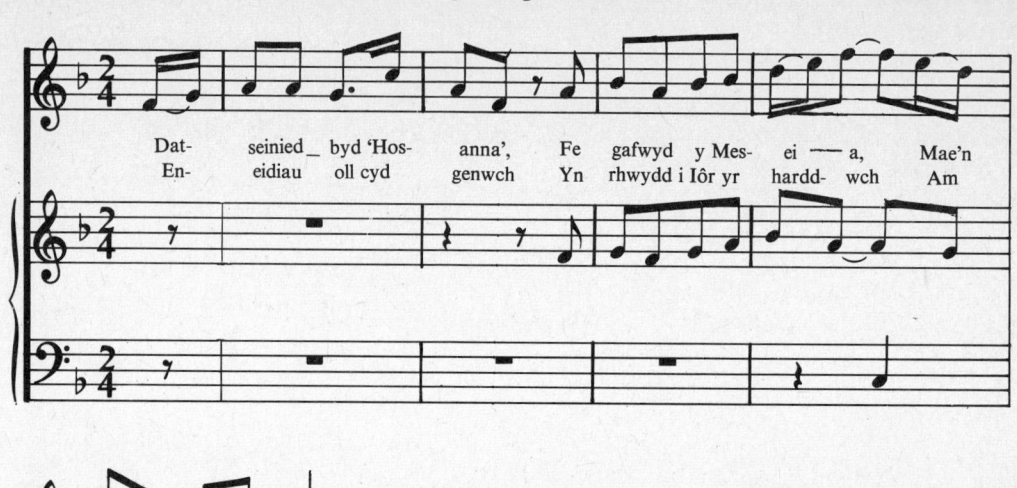

Doh F

Datseinied byd 'Hosanna',
Fe gafwyd y Meseia,
Mae'n destun mwya mawr.
Eneidiau oll cydgenwch
Yn rhwydd i Iôr yr harddwch
Am gofio llwch y llawr.
Disgyn o'i ddisglair orsedd
I agor drws trugaredd
Mewn rhyfedd gariad rhad
Wnaeth llywydd mawr y lluoedd,
I'n codi o'r dyfnderoedd
I wleddoedd Canaan wlad.

Daeth cennad yr Anfeidrol
A lliaws o lu nefol
 phêr blygeiniol gân
I blith bugeiliaid gwaelion
Gan ddatgan y newyddion,
Gantorion glwysion glân;
Mawr sŵn eu cenadwri
Fod Ceidwad wedi ei eni
I'n dwyn o g'ledi'n glir.
Ei foli yn ofalus
A chofio'i ddydd yn barchus
Sydd weddus i ni'n wir.

Awn heddiw megis Doethion
 rhagor o anrhegion
Y galon iddo i gyd.
Gwyn fyd y pur o galon
Folianno'i Geidwad tirion
O fron hyfrydlon fryd.
Nid gorffwys ar yr hanes
Heb Iesu yn ein mynwes
Bydd i ni les ar lawr,
Ond dyfal geisio'n bendant
Grist gobaith o'r Gogoniant
I'n meddiant, fach a mawr.

Dewch, dewch, eneidiau ato,
Mae'r Iôr yn achub eto
Bob un a gredo i Grist.
Trwy aberth mawr y rhinwedd
Cyfranna rad drugaredd,
Er maint y trosedd trist.
Mae'r Archoffeiriad nefol
Bob amser yno'n eiriol
Ar sail rhinweddol waed.
Drwy nesu mewn llawn hyder
Daw isel blant cyfyngder
O'r trymder ar eu traed.

Ieuan Cadfan (1799-1855)

Trefnaint: Hawlfraint Y Lolfa 1987

9. Ceiliog Gwyn

Rhown fawl i'r dwyfol Dad
Er gwir wellhad a llwydd
Pereiddwych, a'r Mab rhad,
Ar ganiad rhoddiad rhwydd.
Ben bore glas moliannwn Dduw,
Oll o un ryw yn llawn o ras.
Heb oedi'n hwy rhown, dan y rhod,
Foreol glod i'w farwol glwy'.

Wel, dyma'r dedwydd bryd,
Drwy'r hollfyd hyfryd hwyl,
Y dylem godi i gyd
Yn awr i gadw gŵyl
Am drosedd llawn anfeidrol Fod;
Gwnaeth er ei glod, mewn dyndod, Iawn.
Iachawdwr byd a gafwyd, gwn,
Y bore hwn, a bery o hyd.

Hosanna, dyma'r dydd
Fe'n rhoed o'n cerydd caeth.
Y ffordd at Dduw trwy ffydd,
Ein Iesu'n rhydd a wnaeth.
Gwir yw y gair, ca'dd Twysog nen,
Neu Oen nef wen, ei eni o Fair;
Daeth Ef mewn pryd i ddiodde'n ddwys,
Yn fawr ei bwys, dan feiau'r byd.

Wel, dyma'r bore glân
Yn gyfan Mab a gaed,
A hedd i fawr a mân
Sydd yn ei wiwlan waed.
Anwylyd hardd, goddefai'n sen
Am fwyta o'r pren yn Eden ardd.
Pob perchen ffydd a gredo'n ddwys,
Caiff fynd i'r lwys Baradwys rydd.

Rhown oll i'r gwir Fab rhad
Addoliad ar ei ddydd:
I'w enw boed mawrhad
Yn wastad, rhediad rhydd.
Daw angau a'i gledd, yn fuan tyrr
Ein tymor byr tu yma i'r bedd:
Tra bo'm dan nen rhown glod bob awr
I enw mawr yr Iôn, Amen.

Dafydd Ddu Eryri (1759-1822)

Trefniant: Hawlfraint Y Lolfa 1987

10. Trot y Gaseg

Gyn'lleidfa gariadus, cydganwn fawl felys
Ag odlau soniarus, daionus, i Dduw;
O'i gariad tragwyddol, trwy Grist y maen bywiol,
Esgorodd ffordd rasol i'w bobol gael byw:
Trwy rinwedd ei ras, yn wyneb ei was,
Y cofiodd blant gorthrwm y codwm du, cas;
A heddiw'n ddi-wad, 'nôl cyngor y Tad,
Esgorodd trugaredd y rhyfedd Fab rhad.

Cymerodd y Duwdod, yn sylwedd dibechod,
Ein natur, sef dyndod, yn gysgod i'r gair,
Trwy'r Ysbryd sancteiddiol y ffrydiodd corff dynol
I'w berson anfeidrol, ym meidrol groth Mair;
A'r hynod Fair hon esgorodd yn llon
Ei Thad a'i Chreawdwr, gwir Brynwr ger bron!
Nid gorwych lys rhi, llon, prydferth, llawn bri,
Ond preseb iselgor i'w esgor gadd hi!

Etifedd coronau, cynhaliwr unbennau,
Gan Mair ar ei gliniau, mewn bratiau di-bris,
Creawdwr yr hollfyd mewn preseb a anwyd,
Pa Lasarus gornwydlyd a welwyd yn is?
Teilyngdod pob bri tan w'radwydd a chri,
Er prynu goludoedd y nefoedd i ni;
Gan gyfrif Duw Cun, i'w berson ei hun,
Hyn oll er ein gwared oedd ddyled ar ddyn.

Trefniant: Hawlfraint Y Lolfa 1987

11. Carol Wil Cae Coch

Ray D

```
|   : r  | r. m : f. m | r. l : —.s | f,.l.s,f  m,s.f,m | r : —.l |
| l. d' : t. l | s. d' :  —.l | s,.s : f. m | f : —.l |
| l. d' : l. l | l. r' : l., s | f. r : f.,s | l : —.m |
| f. m : f. m | r. l : —.ta | l. s : f. r | m : m.,f |
| s. m : r. m | s : —.s | d'.d' : t. l | s. d' : —.l |
| l : —.l | l. r' : l. s | ta : l | s. f : —.m |
| r. f : m.d | r : m.,f | s. m : d, r. m,f | s : —.s |
| s. d' : t. l | s. d' : — | l : l. l | l. r : l. s |
| ta : l | s. f : —.m | r. f : m.d | r ||
```

Rhyfeddod ar foreddydd fe gaed Gwaredwr gwiw.
Ym Methlem ymddangosodd, a Christ yr Arglwydd yw.
Mynegwyd i'r bugeiliaid mor rhyfedd oedd y drych:
Cael Tad o Dragwyddoldeb mewn preseb lle pawr ych.
Gadawodd sedd ei Dad a gwynfyd nefol wlad
A dod mor isel, lle pawr anifel, o ryfedd gariad rhad.
Y doethion wiwgu iaith i geisio'r Iesu ddaeth,
Caent lewyrch seren gain yn y Dwyren i'w harwen ar eu taith.

Mynegwyd gan yr engyl am eni'r dwyfol Un,
Y Duwdod yn y Dyndod yn gwisgo natur dyn.
Disgynnodd o'r uchelder i'r byd ar lafar lef
"Tangnefedd ar y ddaear! Gogoniant i Dduw Nef!"
Daeth yma yn y cnawd, ein Brenin gwiw a'n Brawd,
Heb grud na pharlwr fe ddaeth ein Crëwr o'r Wyryf yn dylawd.
Addewid Eden gaeth, i'r byd mewn pryd a ddaeth
I ddifa hudol hôl waith y Diafol, oedd diben mawr ei daith.

William Edwards, Cae Coch, Rhyd-y-main (1806-69)

Trefniant: Hawlfraint Y Lolfa 1987

12. Carol y Swper

Cydganed dynoliaeth ar ddydd gwaredigaeth,
Daeth trefn y Rhagluniaeth i'r g'leuni,
A chân Haleliwia o fawl i'r Gorucha,
Meseia Jiwdea, heb dewi.
Moliannwn o lawenydd, gwir ydyw fod Gwaredydd
Fe anwyd Ceidwad inni, sef Crist y Brenin Iesu,
Cyn dydd, cyn dydd, ym Methlem yn ddi-gudd
Y mae Gwaredydd ar foreuddydd, O wele ddedwydd ddydd!

Ein Meichiau a'n Meddyg, dan fflangell Iddewig,
Ar agwedd un diddig yn dioddef;
A'i farnu gan Peilat, a'i wisgo mewn sgarliat
Gan ddynion dideimlad, rhaid addef;
A phlethu draenen bigog, yn goron anhrugarog,
A'i gosod mewn modd creulon ar ben Iachawdwr dynion:
Fel hyn, fel hyn, y gwisgwyd Iesu gwyn,
O dan arteithiau ein mawrion feiau, i boenau pen y bryn.

Defnyddiwn ein breintiau, mae perygl o'n holau,
Cyn delo dydd angau, dihangwn;
Mae heddiw'n ddydd cymod a'r swper yn barod,
A'r bwrdd wedi ei osod, O brysiwn.
Mae'r dwylaw fu dan hoelion yn derbyn plant afradlon
I wlad y Ganaan nefol, i wledda yn dragwyddol.
Amen, Amen. Boed moliant byth, Amen.
Haleliwia i'r Meseia sy'n maddau byth. Amen.

Trefniant: Hawlfraint Y Lolfa 1987

13. Y Glaswelltyn

At Fair y daeth Gabriel â'r gair yn ddi-o-gel, Cyf-ar-chiad yr Angel, gor-chymyn y

Tad; A Mair wen a gredodd a'r Tad a'i cysg-ododd, A'r Gair hwn a god-odd yn Geid-wad.

Doh F

```
|.d   | d  : s.,s  | s. s  : .s  | f : m.,m | m. r  : .r
|     |    :       |       :     |   :      |       : .t,
|     |    :       |       :     |   :      |       : .f,

| s  : d.,d  | d  : r. m  | f : m.,m | m.r  : .m
| d  : l,.,l,| s, : t,. d | r : d.,l,| d. t, :
| m, : f,.,f,| m, : r,. d,| f,: fe,.,fe,| s,  :

| d : r.,m  | r. r : .m  | f : m.,m | f. s  : .s
|   :       |      : .d  | t,: s,.,s,| d. m  : .m
|   :       |      : .d  | r : d.,d  | d. d  : .d

| l : f. s  | r. f  : —.m,r | d. d  : —.‖
| d : d. d  | l,.t, : —. t,̄| d. d  : —.
| f,: l,. d | fe,.s,: —. s, | d,. d,: —.
```

At Fair y daeth Gabriel â'r gair yn ddiogel,
Cyfarchiad yr Angel, gorchymyn y Tad;
A Mair wen a gredodd a'r Tad a'i cysgododd,
A'r Gair hwn a gododd yn Geidwad.

Y pumed ar hugain o Ragfyr, y plygain,
Y ganwyd y bachgen dan seren Duw Tri;
Fel dyma'r Nadolig, i'r bobl gadwedig,
Catholig, galennig oleuni.

Ni cheisiodd Duw bleser mewn cestyll na gwychder,
Merch brenin na llawer o bower y byd,
Ond cymryd cnawdoliaeth o forwyn dlawd, berffaith
Yn sêl o etifeddiaeth ei fywyd.

Llawenydd angylion, Hosanna canason,
A'r holl ddaearolion o ddynion oedd dda;
Cael brenin y lluoedd, i safio'r cenhedloedd,
I'n harwain ni i'r nefoedd Jehofa.

'Mhen deugain o ddyddiau daeth Mair i'r sancteiddle.
Fe 'nynnai'r canhwyllau eu pennau, heb ball,
Eu hunain i'r famaeth yn arwydd tystiolaeth
Fod rhyngddi ragoriaeth ag arall.

Ni anwyd i'r bobloedd un ferch dan y nefoedd
Ymysg y cenhedloedd, clywch luoedd ei chlod,
Nac ail na chymhares i Fair bryd angyles,
Oedd santes frenhines, fron hynod.

Gogoniant a ganer i'r Tad o'r uchelder,
A'r Mab yn felysber, eglurer ei glod;
I'r Ysbryd Sancteiddiol y byddo'n dragwyddol
Yn hollol y purfawl, heb orfod.

Trefniant: Hawlfraint Y Lolfa 1987

14. Drwy Rinwedd Dadleuaeth

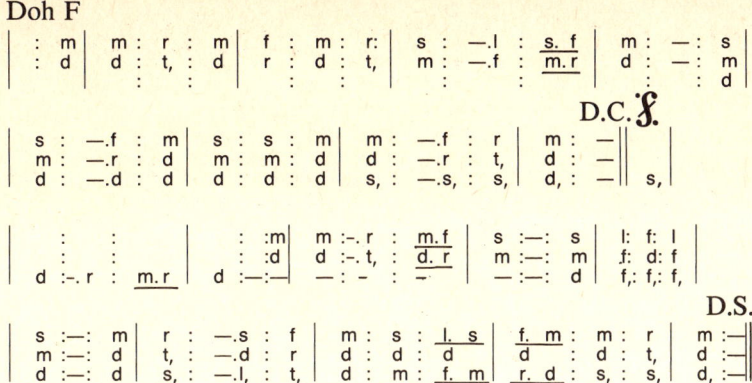

Drwy rinwedd dadleuaeth, eiriolaeth yr Iawn,
Moliannu Duw'r nefoedd yn gyhoedd a gawn
Am eni'r Iachawdwr, y Prynwr, mewn pryd
Yn Geidwad i ddynion, abwydion y byd.
O deuwn i'w dŷ a lleisiwn yn llu
Mewn cariad gwir frawdol i'w ganmol yn gu.
Diolchwn, da yw, am fod yma'n fyw
I gofio mabandod a dyndod Mab Duw.

Cyn gwawriad naturiol wybrennol, ryw bryd
Llewyrchai gwawr nefol arbedol i'r byd,
Sef gwawr Haul Cyfiawnder yn nyfnder y nos
I arwain rhai budron i'r Ffynnon o'r ffos.
Yr Iesu, o'i ras, ogwyddai i le gwas
Pan ddaeth yn dlawd arno i'n ceisio, rai cas.
Ni feddai Efe un llys yn y lle,
Na gwely, na cherbyd, Anwylyd y Ne'.

Clodforwn, clodforwn, Duw folwn hyd fedd,
Creawdwr, Cynhaliwr, a Rhoddwr gwir hedd.
Ei drigfa 'mysg dynion, rai noethion, a wnaeth
A'r dynion i undod y Duwdod a ddaeth;
Fe anwyd mewn pryd y Baban i'r byd,
Gogoniant y dwthwn a gofiwn i gyd.
Er gogan a gwawd mae'n Frenin, mae'n Frawd;
Hwn i bechaduriaid yn Geidwad a ga'wd.

Angylion dihalog (tra enwog ar'u tro)
Fu'n seinio moliannau hyd fryniau y fro
Am eni'r Iachawdwr yn Ddyddiwr i ddyn,
Yn Noddfa mewn trallod, yn Gyfaill a lŷn;
A ninnau yn awr a folwn yn fawr—
Cydseiniad y nefoedd a lluoedd y llawr:
Tra bo'n yn y byd, O rhoddwn ein bryd
Ar ddilyn yr Iesu, a'i garu i gyd.

Eben Fardd (1802-63)

Trefniant: Hawlfraint Y Lolfa 1987

15. Difyrrwch Gwŷr y Gogledd (Lleddf)

Doh C
Lah A

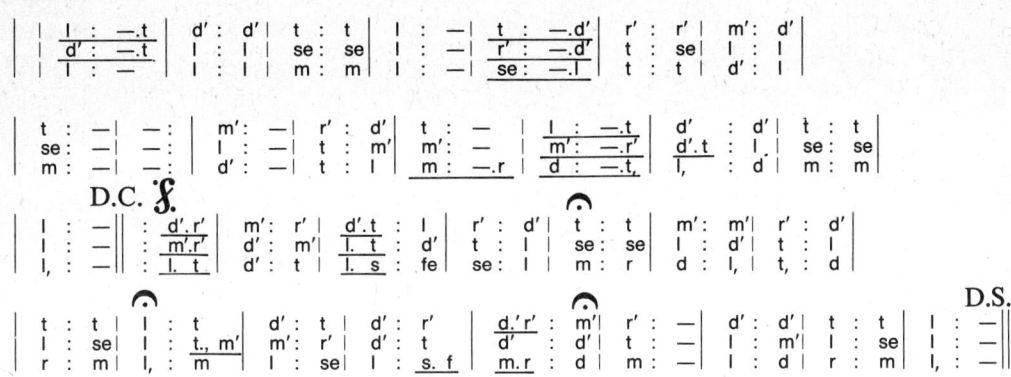

Pob tafod yn gytûn,
Trwy nodded Tri yn Un,
I'r nefol Fod rhown glod am ddod yn ddyn.
Mae telynorion nef
Yn taenu ei foliant ef,
Mae tramwy mawr o'r nef i'r llawr un llef.
Cyfoded rhai afradlon friw
Sy 'mhell o'u gwlad heb wâd yn byw,
Daeth utgorn mawr y Jiwbil
I daenu Efengyl Duw.
Mae cenadwri gan y Tad
Heddiw i'r rhwym am wir ryddhad;
Rhai clafa', dua', deuwch
A chymrwch lawn iachâd.

Ca'dd dynion radlawn rodd,
Mae'r nefoedd wrth eu bodd,
Mab dyn a'r lawr, yn Arglwydd mawr un modd.
Os cablwyd ef a'i daith
Gan fawrion daear faith,
Rhoes genau plant ogoniant am y gwaith.
Yn iechydwriaeth helaeth byd
Y daeth i bawb, hyd eitha'r byd;
I'w lân, ddi-len oleuni
Mae galwad inni i gyd.
Gan seren ca'dd rhai'u gwadd yn gu,
Gan adrodd: "Awn o'r dwyrain du,
Fe gododd Haul tragywydd
Y boreuddydd hwn o'r bru."

Robert Davies, 'Bardd Nantglyn' (1769-1835)

Trefniant: Hawlfraint Y Lolfa 1987

16. Betty Brown

Wel, dyma foreuddydd o newydd i ni,
Mae Duw wedi agor rhyw drysor di-ri.
Gorfoledd gwir felys sy'n hysbys drwy'r nef,
Tangnefedd i ddynion y gron ddaear gref.
Gan ddyfod i lawr, lu nefol lon wawr,
I ganu gogoniant a moliant Duw mawr;
Na adawed un dyn ei delyn ynglŷn,
Mawl daear yn gyhoedd a'r nefoedd fo'n un.

Ac achos i ganu a rhyfeddu sy'n faith
Am Iesu gogoned ond gweled y gwaith:
Duw mawr, Hen Ddihenydd, Creawdydd cry air,
Yn Faban gwael febyd lawn mud ar lin Mair.
Cynhaliwr cain Iôr, y maith dir a'r môr,
Yn goddef ei eni, Duw Celi mewn côr
Sylfaenwr y byd, ben Crëwr heb un crud,
Mawr Dduw tragwyddoldeb ar breseb oer bryd.

Gan fod isel lety'r mawr Iesu mor wael,
Mae modd i'r tylotaf a'r gwychaf ei gael;
'Run croeso i'r bugeiliaid ar doriad y dydd
Â'r doethion, a roeson anrhegion yn rhydd;
Iachawdwr gwychwaith, pob cenedl ac iaith,
Pwy erioed fu rhy glwyfus i'r moddus Iôr maith?
Dylodion da lwydd nac ofnwch i'w ŵydd,
Bu'n marchog ar asyn mor isel i'w swydd.

Oherwydd ei helaeth eiriolaeth wir rad,
A wnaed ar yr orsedd mewn rhyfedd barhâd,
Daw miloedd â'u moliant drwy lwyddiant i'r lan;
Jerusalem newydd tragywydd yw'r gân.
Mwyn yfant mewn hedd ac Arglwydd y wledd
Yn llewyrchu disgleirdeb ei wyneb a'i wedd.
Y ddaear pan lysg, ein telyn mewn dysg
Fo'n canu'r un anthem, Amen yn ein mysg.

Robert Davies, 'Bardd Nantglyn' (1769-1835)

Trefniant: Hawlfraint Y Lolfa 1987

17. Carol Eliseus

Beth yw'r melys seiniau glywaf? Clychau aur Caersalem fry.
Beth yw tinc y dôn hoffusaf? Diolch gân y nefol lu.
Yn yr uchelderau cenwch felys odlau cerdd yn rhydd,
Nos wylofain, nos wylofain. O cydfloeddiwch,
Nos wylofain O cydfloeddiwch,
Arwain wnaeth i olau dydd.

Pwy sy'n gorwedd yn y preseb? Anfeidroldeb rhyfedd iawn.
Pwy all ddirnad ei diriondeb? Gabriel, na, er maint ei ddawn.
Ei amgyffred Ef nis gellir, goruwch nef a daear yw—
Y mynyddoedd, y mynyddoedd oll a dreulir,
Y mynyddoedd oll a dreulir,
Erys ein Meseia gwiw.

Pwy mewn gwael gadachau rwymwyd? Tragwyddoldeb, dim yn llai.
I ba beth y'i darostyngwyd? Er mwyn codi euog rai.
Cyfrin bydoedd a olrheinir—daw'r dirgelion oll heb len;
Erys un nas/llwyr ddatguddier/
Wedi'r elo'r byd i ben.

Pwysa, enaid, beunydd arno, person dwyfol ddynol ryw,
Cadw, cynnal, cydymdeimlo, yw melysaf waith Mab Duw;
Rhoi ei hunan dros yr aflan, dyna wnaeth er garw loes,
Mentraf innau/iddo f'hunan/
Fel yr wyf wrth droed y Groes.

Trefniant: Hawlfraint Y Lolfa 1987

18. Teg Wawriodd Boreddydd

Teg wawriodd boreddydd, na welwyd ei ail Er cread y byd na thywyniad yr haul: Boregwaith a gofir yn gynnes ar gân, Pan fo haul yn du — o a dae — ar ar dân.

Doh G

: s,	d.m : — : d	r.f : — : d	m.m : — : r	d : — : d	m : f : s
: m,	s,.s, : — : ta,	l,.d : — : d	d.d : — : t,	d : — : s,	s, : s, : s,
: d	m.s : — : s	f.l : — : m	s.s : — : f	m : — : m	d : r : m
: d,	d,.d, : — : m,	f,.f, : — : l,	s,.s, : — : s,	d, : — : d	d : d : d

s : f : m	s : f : m	r : — : m	f.m : — : r	d.r : — : m
d : r : d	d : t, : d	t, : — : d	r.d : — : t,	l, .t, : — : d
m : s : s	s : s : s	s : — : s	s.s : — : f	m.s : — : s
d : t, : d	m : r : d	s, : — : d	t,.d : — : s,	l, .s, : — : m,

s.s : — : m	d : t, : d	m : f : s	l.s : — : f	m.r : d : — : t,	d : — :||
d.d : — : s,	s, : — : s,	d : t, : d	d.d : — : d	d, . s, : — : s,	s, : — : s,
m.m : — : d	m : r : m	s : s : s	f.s : — : l	s,.f : m : — : r	m : — :
d,.d, : — : m,	s, : — : d	d : r : m	f.m : — : f	s, . s, : — : s,	d, : — :

Teg wawriodd boreddydd, na welwyd ei ail
Er cread y byd na thywyniad yr haul:
Boregwaith a gofir yn gynnes ar gân,
Pan fo haul yn duo a daear ar dân.

Y testun llawenaf i'n moliant y sydd,
Fe aned in' Geidwad, do, gwawriodd y dydd:
Yn Geidwad i deimlo dros frodyr dan faich,
Yn Grist i'n gwaredu, Un cadarn ei fraich.

Edrychwn o'n hamgylch, pwy greodd y rhain:
Haul, lloer, sêr a daear sy'n gwenu mor gain?
Chwyrnellant trwy'r gwagle yng nghrog wrth ei Air,
Ac Yntau yn pwyso ar fynwes fwyn Mair.

Pan ddaeth o'r uchelder, a'i eni o wraig,
Cyffroai gynddaredd holl ddicter y ddraig;
A rhuthro ar ruthro fu arno o hyd,
A'r gelyn yn cilio yn glwyfau i gyd.

Ond engyl fu'n canu pan ddaeth Ef i lawr,
A chanu wnawn ninnau i'w Enw yn awr:
Gorchfygodd ein Harglwydd, fe'i molwn am hyn,
Fe brynodd ein bywyd ar Galfari fryn.

                                        Robert Roberts
                                        Rhos

19. Ar Gyfer Heddiw'r Bore

Ar gy—fer he—ddiw'r bo—re, 'N faban bach, 'n faban bach, Y ganwyd gwreidd— yn Jess—e, 'N fab—an bach; Y Ca—darn ddaeth o Bos—ra, Y Deddf—wr gynt ar Si—na, Yr Iawn gaed ar Galfaria,'N faban bach, 'N fa—ban bach, Ar fron ei fam Mar— i— a,'N fa— ban bach.

Ar gyfer heddiw'r bore,
'N faban bach, 'n faban bach,
Y ganwyd gwreiddyn Jesse,
'N faban bach;
Y Cadarn ddaeth o Bosra,
Y Deddfwr gynt o Sina,
Yr Iawn gaed ar Galfaria,
'N faban bach, 'N faban bach,
Ar fron ei fam Maria,
'N faban bach.

Caed bywiol ddwfr Eseciel,
Ar lin Mair, ar lin Mair,
A gwir Feseia Daniel
Ar lin Mair;
Caed bachgen doeth Eseia,
'R addewid ro'ed i Adda,
Yr Alpha a'r Omega,
Ar lin Mair, ar lin Mair,
Mewn côr ym Methlem Jiwda,
Ar lin Mair.

Diosgodd Crist ei goron,
O'i wir fodd, o'i wir fodd,
Er mwyn coroni Seion,
O'i wir fodd;
I blygu 'i ben dihalog,
O dan y goron ddreiniog,
I ddioddef dirmyg llidiog,
O'i wir fodd, o'i wir fodd,
Er codi pen yr euog,
O'i wir fodd.

Am hyn, bechadur, brysia,
Fel yr wyt, fel yr wyt,
I 'mofyn am y noddfa,
Fel yr wyt;
I ti'r agorwyd ffynnon
A ylch dy glwyfau duon
Fel eira gwyn yn Salmon,
Fel yr wyt, fel yr wyt,
Gan hynny tyr'd yn brydlon,
Fel yr wyt.

Eos Iâl (1794-1862)

Trefniant: Hawlfraint Y Lolfa 1987

20. Dyddiau Hyfryd

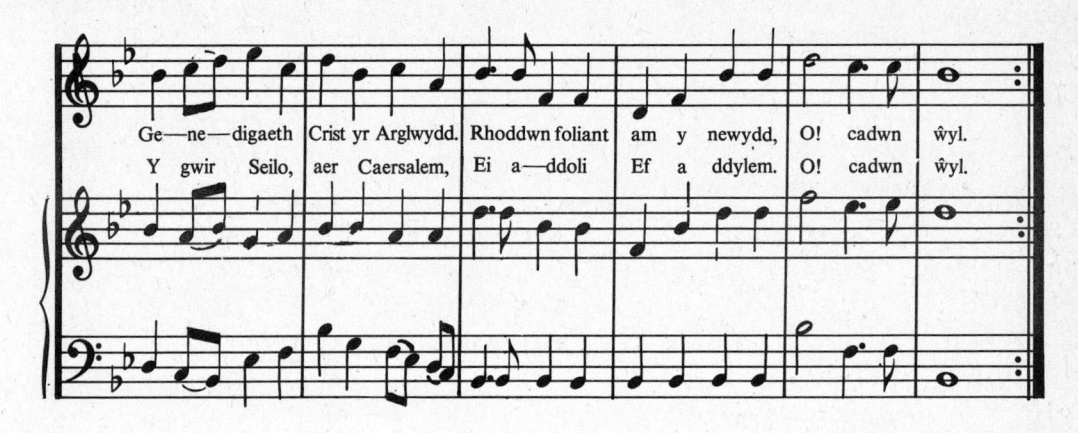

Mae gwahoddiad in-ni heddiw I gadw gŵyl. Gŵyl i goffa'r bora dedwydd—
Clywch heb gêl y clych yn canu, O! cadwn ŵyl. Heddiw ganed draw ym Methlem
Ge-ne-digaeth Crist yr Arglwydd, Rhoddwn foliant am y newydd, O! cadwn ŵyl.
Y gwir Seilo, aer Caersalem, Ei a-ddoli Ef a ddylem. O! cadwn ŵyl.

Doh B♭   **D.C.**

| d.,d : s,. s, | m,.s, : d. d | m : r., r | d : — |
| m.,m : d. d | s,.d : m. m | s : f., f | m : — ‖
| d,.,d, : d,.d, | d,.d, : d,.d, | d : s,.,s, | d, : — |

m.m : d. d	r. r : s,. s,	d. r. m : f. r
d. d : m. m	f. f : r. t,	d. t, d : l,. t,
d. d : l,. l,	f,. f, : s,. f,	m,.r,.d, : f,. s,

m.d : r. t,	d.,d : s,. s,	m,.s, : d. d
d. d : t, .t,	m.,m : d. d	s,. d : m. m
d. l, : s,,.f,. m,.r,	d,.,d, : d,.d,	d,.d, : d,.d,

            D.S.

| m : r., r | d : — |
| s : f., f | m : — ‖
| d : s,.,s, | d, : — |

Mae gwahoddiad inni heddiw
   I gadw gŵyl.
Clywch heb gêl y clych yn canu,
   O! cadwn ŵyl.
Gŵyl i goffa'r bora dedwydd—
Genedigaeth Crist yr Arglwydd.
Rhoddwn foliant am y newydd,
   O! cadwn ŵyl.
Heddiw ganed draw ym Methlem
Y gwir Seilo, aer Caersalem,
Ei addoli Ef a ddylem.
   O! cadwn ŵyl.

Gwelwn ganiad rhad difesur,
   O, ryfedd ras!
Ganwyd Ceidwad i bechadur,
   O, ryfedd ras!
Ca'dd ei eni o Fari'r Forwyn
Roddes laeth ei bron i'w Brenin
Ac a'i daliodd ar ei deulin.
   O, ryfedd ras!
Rhyfedd ydoedd ei gnawdoliaeth,
Rhyfedd yn ei enedigaeth,
Rhyfedd fywyd a marwolaeth.
   O, ryfedd ras!

Crist agorodd ffordd i'n gwared,
   Clod iddo byth;
Crist a'n dygodd o'n caethiwed,
   Clod iddo byth.
Iesu hynod roes ei hunan
Dros bechadur euog, aflan,
I'w waredu o feddiant Satan,
   Clod iddo byth.
Ar ei lais, bechadur, gwrando,
Nid yw'n gwrthod neb ddêl ato
Ond yn derbyn pawb a gredo.
   Clod iddo byth.

Eos Powys

Trefniant: Hawlfraint Y Lolfa 1987

21. Belle Isle March

Deff-rown yn gynnar, rhoddwn ganiad Ar doriad gwawr y dydd O weddus fawl i Frenin Seion O'r galon yn ddi-gudd: Clod-forwn tra fo'm byw Ein Crëwr doeth a'n Duw Am ei diriondeb a'i drugaredd Yn rhyfedd i bob rhyw. Tos-turio o'i wir-wawr; Dis-gynnodd, gwelwn, mewn modd gwiwlys O lys y nef i lawr, Er trefnu ffordd i wnaeth, ar gyhoedd, Wrth luoedd daear las Nes yr anfonai'i Fab unigol Mewn gweddol agwedd gwas!

Cyd-uned holl dri-golion daear Yn llafar iawn eu llef Â pheraidd gôr y nefoedd loyw I foli ei enw Ef; Y mwynaidd Iesu mawr A ddaeth yn wael ei dynnu o'u gorthrwm Holl blant y codwm cas, A'u cadw rhag tru-eni bythol Drwy rym ei nefol ras.

Deffrown yn gynnar, rhoddwn ganiad
Ar doriad gwawr y dydd
O weddus fawl i Frenin Seion
O'r galon yn ddi-gudd:
Cyduned holl drigolion daear
Yn llafar iawn eu llef
 pheraidd gôr y nefoedd loyw
I foli ei enw Ef;
Clodforwn tra fo'm byw
Ein Crëwr doeth a'n Duw
Am ei diriondeb a'i drugaredd
Yn rhyfedd i bob rhyw.
Tosturio o'i wirfodd wnaeth, ar gyhoedd,
Wrth luoedd daear las
Nes yr anfonai'i Fab unigol
Mewn gweddol agwedd gwas!
Y mwynaidd Iesu mawr
A ddaeth yn wael ei wawr;
Disgynnodd, gwelwn, mewn modd gwiwlys
O lys y nef i lawr,
Er trefnu ffordd i dynnu o'u gorthrwm
Holl blant y codwm cas,
A'u cadw rhag trueni bythol
Drwy rym ei nefol ras.

Cenhadon hedd fo'n ddyfal beunydd
Tra pery dydd y daith
I alw adref bob rhyw oedran—
Mae yn y winllan waith;
Cyhoeddi fyddant ar bob cyfnod,
Dan nawdd y Duwdod doeth,
Y newydd da o fawr lawenydd
I fyd annedwydd noeth:
Y sôn am Iesu glân
Yn dioddef ar ein rhan
Er cael ymwared i drueiniaid
Fo'n myned i bob rhan.
A llu o bechaduriaid gweiniaid,
Dan deimlad yn eu dydd,
A ddelo i guro am drugaredd
Cyn gorwedd o dan gudd:
Pob llwyth ac iaith yn un,
Pob cenedl yn gytûn,
Trwy holl derfynau'r ddaear isod
Fo'n dod at Fab y Dyn.
Dyrchafer hefyd mewn modd gwiwgu
Gan bawb yr Iesu'n ben
A rhodder iddo'r holl ogoniant
A'r moliant byth, Amen.

Trefniant: Hawlfraint Y Lolfa 1987

J.D.Jones (1827-70)

22. Ar Dymor Gaeaf

Ar dymor gaeaf, dy—ma'r ŵyl Sydd an-nwyl, annwyl in';
Boed sain lla—wenydd ym—hob llu—Waith ge—ni'r Iesu gwyn;
Dat-sei—iwn glod â lla—far dôn, Rhoed y ty—lodion lef; Gan
rall.
gofio'r pryd y gwe—lwyd gwawr E-nei—niog mawr y nef!

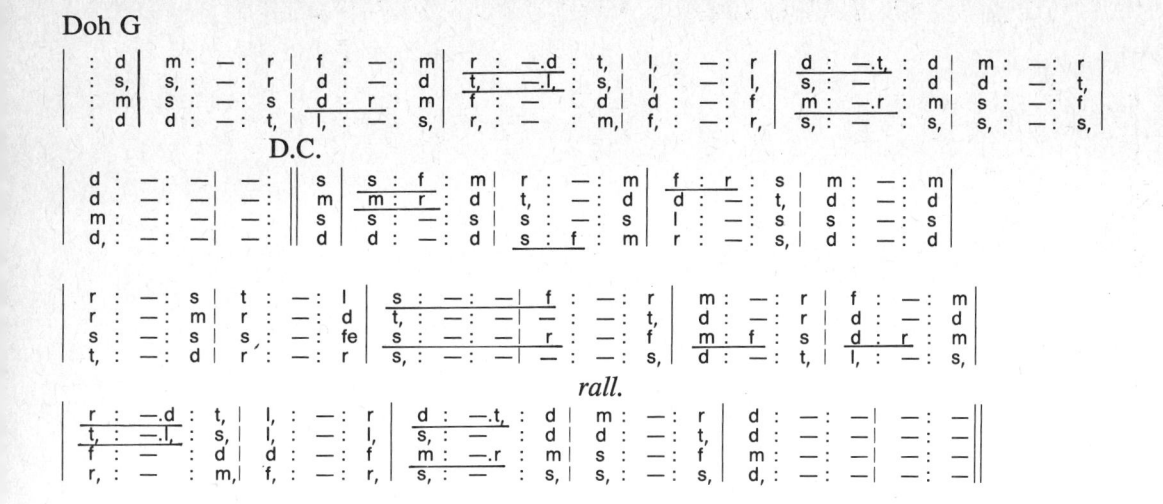

Ar dymor gaeaf, dyma'r ŵyl
Sydd annwyl, annwyl in';
Boed sain llawenydd ym mhob llu—
Waith geni'r Iesu gwyn;
Datseiniwn glod â llafar dôn,
Rhoed y tylodion lef;
Gan gofio'r pryd y gwelwyd gwawr
Eneiniog mawr y nef!

Ar gyfer heddiw Maban mwyn
A gaed o'r Forwyn Fair;
Ac yno gweled dynol ryw
Ogoniant Duw y gair:
Mab Duw Gorucha'n isa'n awr
Mewn preseb lle pawr ych;
O gwelwch, luoedd daear lawr,
Diriondeb mawr y drych.

'E bery cariad Iesu cu
Fyth i'w ryfeddu'n faith;
Datganu ei fawl, ryglyddawl glod,
Sydd ormod, gormod gwaith;
Hyn oll yn awr a allwn ni,
Sef llawen godi llef;
Pa fodd yn well i seinio clod
Cawn wybod yn y nef.

Dafydd Ddu Eryri (1759-1822)

Trefniant: Hawlfraint Y Lolfa 1987

23. O! Deued Pob Cristion

trefn. Caradog Roberts (1878-1935)

O! Deued pob Cristion i Fethlem yr awron
I weled mor dirion yw'n Duw;
Daeth Brenin yr hollfyd i oedfa ein hadfyd
Er symud ein penyd a'n pwn;
Heb le yn y llety, heb aelwyd, heb wely—
Nadolig fel hynny gadd Hwn!

O! ddyfnder rhyfeddod! fe drefnodd y Duwdod
Dragwyddol gyfamod i fyw!
Rhown glod i'r Mab bychan, ar liniau Mair wiwlan—
Daeth Duwdod mewn Baban i'n byd;
Ei ras O derbyniwn—ei haeddiant cyhoeddwn,
A throsto Ef gweithiwn i gyd.

A-men

O! Deued pob Cristion i Fethlem yr awron
I weled mor dirion yw'n Duw;
O! ddyfnder rhyfeddod! fe drefnodd y Duwdod
Dragwyddol gyfamod i fyw!
Daeth Brenin yr hollfyd i oedfa ein hadfyd
Er symud ein penyd a'n pwn;
Heb le yn y llety, heb aelwyd, heb wely—
Nadolig fel hynny gadd Hwn!
Rhown glod i'r Mab bychan, ar liniau Mair wiwlan—
Daeth Duwdod mewn Baban i'n byd;
Ei ras O derbyniwn—ei haeddiant cyhoeddwn,
A throsto Ef gweithiwn i gyd.

Tywysog tangnefedd wna'n daear o'r diwedd
Yn aelwyd gyfannedd i fyw;
Ni fegir cenfigen, na chynnwrf, na chynnen—
Dan goron bydd diben ein Duw.
Yn frodyr i'n gilydd, drigolion y gwledydd,
Cawn rodio yn hafddydd y nef;
Ein disgwyl yn Salem, i ganu yr anthem
Ddechreuwyd ym Methlem, mae Ef.
Rhown glod i'r Mab bychan, ar liniau Mair wiwlan—
Daeth Duwdod mewn Baban i'n byd!
Ei ras O derbyniwn—ei haeddiant cyhoeddwn,
A throsto Ef gweithiwn i gyd.

Seiliedig ar Hen Garol Gymreig

Trefniant: Hawlfraint Y Lolfa 1987

24. Ymdaith Rochester

Lyrics

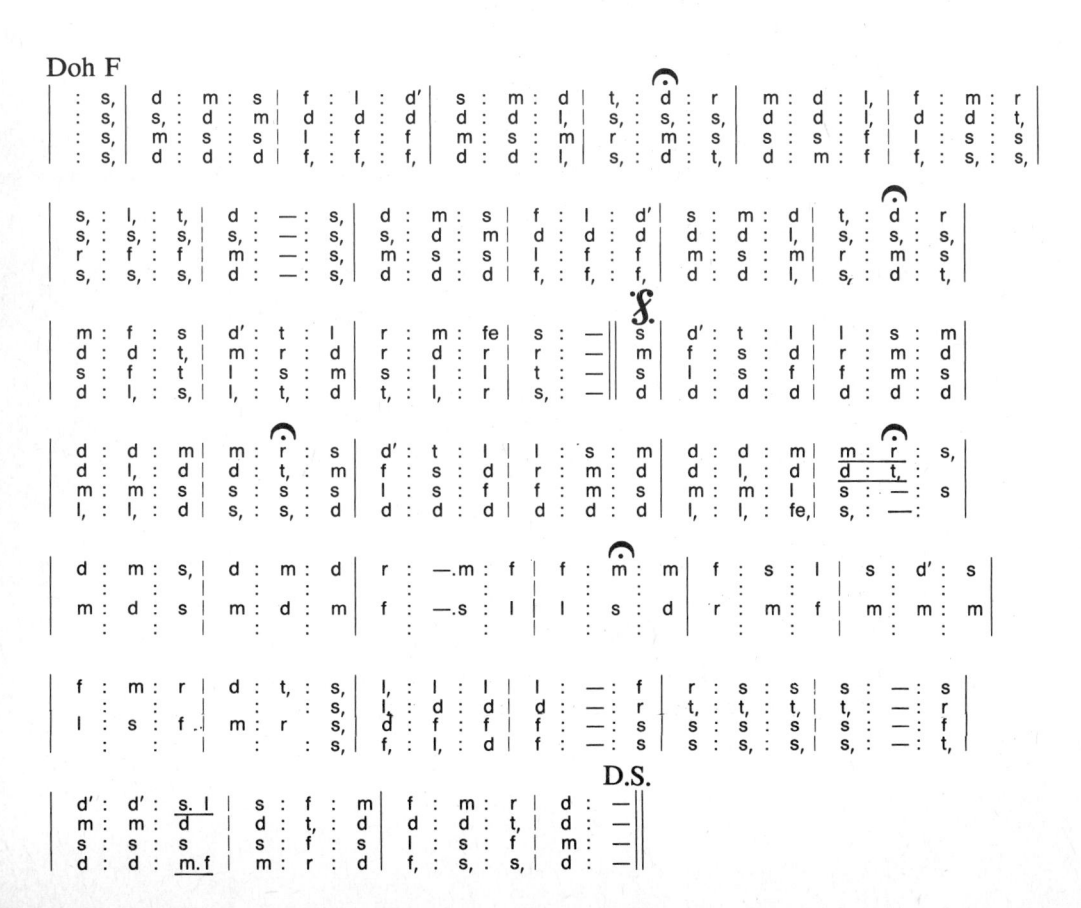

natur a barodd a ddododd i'w Dduwdod, A chymod iachâd, i
newydd rhyfeddol dy- munol am e — ni Gŵr inni, gwir yw, yn

Adda a'i had, A rannwyd o rinwedd Iôn rhyfedd yn rhad.
Geidwad iawn gwiw, E- neiniog yr Arglwydd, un dedwydd Oen Duw.

Doh F

: s,	d : m : s	f : l : d'	s : m : d	t, : d : r	m : d : l,	f : m : r
: s,	s, : d : m	d : d : d	d : d : l,	s, : s, : s,	d : d : l,	d : d : t,
: s,	m : s : s	l : f : f	m : s : m	r : d : s	s : s : f	l, : s : s
: s,	d : d : d	f, : f, : f,	d : d : l,	s, : d : t,	d : m : f	l, : s, : s,

s, : l, : t,	d : — : s,	d : m : s	f : l : d'	s : m : d	t, : d : r
s, : s, : s,	s, : — : s,	s, : d : m	d : d : d	d : d : l,	s, : s, : s,
r : f : f	m : — : s,	m : s : s	l : f : f	m : s : m	r : m : s
s, : s, : s,	d : — : s,	d : d : d	f, : f, : f,	d : d : l,	s, : d : t,

m : f : s	d' : t : l	r : m : fe	s : —	s : d' : t	l : l : s : m
d : d : t,	m : r : d	r : d : r	r : —	m : f : s	d : r : m : d
s : f : t	l : s : m	s : l : l	t : —	s : l : s	f : f : m : s
d : l, : s,	l, : t, : d	t, : l, : r	s, : —	d : d : d	d : d : d : d

d : d : m	m : — : r : s	d' : t : l	l : s : m	d : d : m	m : — : r : s
d : l, : d	d : t, : m	f : s : d	r : m : d	d : l, : d	d : t, : —
m : m : s	s, : s, : s	l : s : f	f : m : s	m : m : l	s : — : s
l, : l, : d	s, : s, : d	d : d : d	d : d : d	l, : l, : fe,	s, : — : —

d : m : s,	d : m : d	r : —.m : f	f : m : m	f : s : l	s : d' : s
m : d : s	m : d : m	f : —.s : l	l : s : d	r : m : f	m : m : m

f : m : r	d : t, : s,	l, : l : l	l : — : f	r : s : s	s : — : s
	: s,	l, : d : d	d : — : r	t, : t, : t,	t, : — : r
l : s : f.	m : r : s	: f : f	f : — : s	s : s : s	s : — : t
	: s,	f, : l, : d	f : — : s	s, : s, : s,	s, : — : t,

D.S.

d' : d' : s.l	s : f : m	f : m : r : d	d : —
m : m : d	d : t, : d	d : d : t, : d	d : —
s : s : s	s : f : s	l : s : f	m : —
d : d : m.f	m : r : d	f, : s, : s,	d : —

53

Deffrown yn ystyriol i ganu'n blygeiniol
Mawl Iesu melysol yn llwyddol ein llef:
Daeth hyfryd newyddion diddanol i ddynion
Am eni Mab cyfion dawn union Duw Nef;
O fynwes gair fwyniant gogoniant disgynnodd
Y Gair a gywirodd, fe ddeuodd yn ddyn;
Bru morwyn gymerodd, fe'i gwisgodd fel cysgod,
Ein natur a barodd a ddododd i'w Dduwdod,
A chymod iachâd, i Adda a'i had,
A ranwyd o rinwedd Iôn rhyfedd yn rhad.
Nyni oedd golledig drancedig drwy'r codwm,
Tan ddistryw tyn ddwystrau a noethlwm o'r ne',
Ond wele angylion lu gwynion yn gw'reddu
Rhyw newydd rhyfeddol dymunol am eni
Gŵr inni, gwir yw, yn Geidwad iawn gwiw,
Eneiniog yr Arglwydd, un dedwydd Oen Duw.

A phan ddaeth cyflawnder o rym sêl yn amser,
Daeth Brenin cyfiawnder drwy burdeb i'r byd,
A'i fawredd o Forwyn, un llariaidd ac addfwyn,
Yn marchog ar asyn, mor isel ei fryd.
Ond nid ei ddyrchafiad, ond codiad o'n codwm,
Golledig blant Eden, oedd diben ei daith.
Y gwaith yn gu ethol ddiffynol orffennodd,
Nid ofnodd un don, na phwys gwaywffon,
Drwy chwys ac ing caled ein dyled a dalodd;
Ein gwared oedd, gwelwch, hyfrydwch ei fron.
Ei groes a'i ddrain goron gan hoelion gynhaliodd,
Ein camwedd gymerodd a barodd ei boen.
Pur Oen, ei bêr enau mewn geiriau ni agorodd,
Maddeuodd yn ddibaid i'r lleiddiaid a'i lladdodd:
Gweddïodd ddydd Pryn ar Galfaria fryn,
"O Dad, na ddod iddyn i'w herbyn mo hyn".

Y pethau berthynent mewn haeddiant i'n heddwch,
I gyrraedd hawddgarwch, dedwyddwch Duw Dad,
Gyflawnodd yr Iesu o'i wyllys a'i allu,
Trwy sanctaidd fucheddu, gweithredu'n goeth rad;
Y gyfraith fawrhaodd, cyfiawnder fodlonodd,
Ein dyled a dalodd o'i wirfodd â'i waed;
Fe wnaed ei fynediad wrth rad ei weithredoedd,
I gau ar byrth uffern, ac agor y nefoedd;
Ar gyhoedd Ŵr gwiw, fe ddodwyd gan Dduw,
Yn deg brynedigaeth o'r arfaeth, gwir yw.
Y gwaith mawr i ninnau, i'w ddechrau trwy ddychryn,
Yw gwylied ein gelyn a dilyn ein Duw,
A byw ar ei fynwes, i'w gynnes ogoniant,
Gan wadu'r byd hudol, yn drechol na'i drachwant,
Er llwyddiant drwy'r llen, rhown bawb bwys ei ben,
Ar Grist am ein bywyd bob munud. AMEN.

Trefniant: Hawlfraint Y Lolfa 1987

Llyfrau cerdd eraill o'r Lolfa

CANEUON RYAN
Ryan Davies
Unarddeg o'i ganeuon enwocaf wedi'u trefnu o'r newydd ar gyfer piano a llais gan Eleri Huws.
£2.50

HWYL A MAWL
Hawys Glyn James
14 o ganeuon ysgafn, swynol i blant; defnyddiol i ysgolion cynradd a Sul; dwyieithog.
£3.45

SOSBAN FACH
gol. Stuart Brown
Casgliad cableddus o 30 o emynau, caneuon gwerin, a chaneuon Saesneg Macs Boisaidd; cerddoriaeth un llinell a chordiau.
£1.95

DAWNSIE TWMPATH
Eddie Jones
Llyfr i alwyr a cherddorion: 55 o ddawnsiau gwerin traddodiadol gyda cherddoriaeth a chyfarwyddiadau dawnsio.
£3.95

DWYLO AR Y PIANO
Sŵ Gerallt Jones
Hyfforddlyfr cyntaf—syml, clir ond manwl—i ddysgu'r piano; gyda chasgliad o alawon Cymreig yn ymarferion.
£2.95

GILMORA
Gilmor Griffiths
15 o alawon cerdd dant gan feistr ar y grefft.
£2.95

HWYL AR Y GÂN
Gilmor Griffiths
7 o ganeuon i blant gyda chyfeiliant piano llawn.
£2.45

CANEUON Y CREADURIAID
Falyri Jenkins
Ugain o ganeuon syml, swynol i blant bach gyda threfniant piano, sol-ffa a chordiau gitâr; lluniau trawiadol deuliw gan Elwyn Ioan.
£1.95

CLAP A CHÂN I DDUW
Eddie Jones a Falyri Jenkins
74 o emynau modern i blant ar donau cyfoes, poblogaidd; cerddoriaeth gyflawn. Llyfryn geiriau ar gael hefyd am 95c.
£4.95

PWS!
Dewi Pws
Ymysg yr adroddiadau digri, esboniadau gwallgo, cartwnau, cerddi a dalithoedd mae 20 o'i ganeuon poblogaidd enwocaf fel y'i canwyd gan Edward H., Y Tebot Piws ac eraill.
£3.50

MABSANT
24 o'n caneuon gwerin traddodiadol, o *Bugeilio'r Gwenith Gwyn* i *Fflat Huw Puw*, wedi'u trefnu ar gyfer llais a gitâr.
£1.45

CANT O GANEUON
Dafydd Iwan
Cant o ganeuon gorau ein prif ddiddanwr, yn cynnwys rhai o ganeuon mwyaf poblogaidd yr ugain mlynedd diwethaf. Anhepgorol!
£1.95

HUWCYN PUWCYN
Hawys Glyn ac Eunice Williams
24 o ganeuon newydd, syml i blant bach, gyda threfniant hen nodiant a chordiau gitâr.
£1.75

...*a mwy*—gan awduron fel Tecwyn Ifan, Huw Jones, Hefin Elis. Mae'r rhestr gyflawn yn ein catalog newydd 48-tudalen ar gael yn rhad ac am ddim gyda throad y post. Hawlia dy gopi oddi wrth:

Y Lolfa
Talybont, Dyfed SY24 5HE
ffôn 097086/304